Gute Geschichten bessern die Welt.

Hugo Portisch

# So sah ich Die Welt

story.one – Life is a story

Aufgezeichnet von Hannes Steiner

story.one

1. Auflage 2021

Eine Marke der Storylution GmbH

2010 hat Hugo Portisch dem befreundeten Verleger Hannes Steiner (story.one) in insgesamt 30 Stunden sein Leben erzählt. Dieser hält gemeinsam mit dem Unternehmer Michael Kraus die Rechte an diesen „Toskana Tapes".
Geplant ist ein Hugo-Portisch-Preis für exzellente journalistische Leistungen und eine Sommerakademie für Journalisten im Toskana-Haus von Hugo Portisch, das er im Alter an Michael Kraus verkaufte.



Gesetzt aus Minion Pro und Lato.


Printed in the European Union.

ISBN: 978-3-903715-12-7

*Am Ende ging es den Amerikanern immer um die Verteidigung der Demokratie – bis zu George W. Bush.*

# INHALT

# Rettung durch die Feuerwehr

Hugo Portisch verbrachte seine Schulzeit als Sohn der Österreicher Emil und Hedi Portisch in Pressburg. Um nicht zur Wehrerziehung einberufen zu werden, engagierte er sich 1944 bei der Freiwilligen Feuerwehr, die ihn angesichts der ständigen Bombenabwürfe gut gebrauchen konnte.

*Die ganze Klasse wurde aufgefordert, in ein Wehrertüchtigungslager nach Kärnten zu gehen. Wir sollten dort vier Wochen ausgebildet werden – „wehrertüchtigt"! Es war Anfang 1944, und wir waren so um die 16 Jahre jung. Natürlich haben wir eine panische Angst davor gehabt. Denn die jungen Leute kamen von dort psychisch total ruiniert zurück. Die sind dort von SS-Leuten halb kaputtgeschlagen worden! Wir haben diese Wracks gesehen, die da zurückkamen aus diesem Wehrertüchtigungslager. Da haben wir gesagt, unter keinen Umständen – nur über unsere Leiche – wollen wir da runter!*

*Wir haben alles versucht – nichts zu machen! Auf einmal kamen zwei Mitschüler, die gesagt haben: „Wir fahren nicht! – „Wieso? Was ist los? Wie habt ihr das gemacht, dass ihr nicht fahren müsst?“ – „Wir sind der Freiwilligen Feuerwehr beigetreten!“ – „Was …?“ Wir natürlich alle gleich hin, und die haben uns tatsächlich aufgenommen! Also sind wir mit dem Aufnahmeschein der Freiwilligen Feuerwehr zu den Kommandanten geeilt und haben gesagt: „Bitte uns für das Wehrertüchtigungslager zu entschuldigen, wir können nicht kommen! Wir haben hier unsere Kriegspflicht zu erfüllen, denn Pressburg wird ja bombardiert und braucht eine Feuerwehr!“ Die haben das sofort akzeptiert. So ist damals eine halbe Schulklasse der Freiwilligen Feuerwehr beigetreten! Wir haben gejubelt, und die bei der Feuerwehr haben gejubelt, weil die völlig überaltert waren. Und jetzt kamen auf einmal starke Burschen, die ihnen die Schläuche schleppen konnten …*

*Dann kam der Aufstand der slowakischen Armee. Und um vier Uhr früh läuten bei uns zu Hause zwei Männer in Uniform. Sie sagen: „Um sieben Uhr bist du gestellt in der Wasserkaserne! Du musst einrücken – zum Heimatschutz! Zum Kampf gegen die Partisanen!“ So hatsche ich um sieben Uhr früh zur Wasserkaserne. Alle meine Mitschüler stehen schon dort. Wir müssen uns alle nackt ausziehen zur Assentierung. „Hast du eine Geschlechtskrankheit? Keine – tauglich!" Und schon waren wir rekrutiert.*

*Wir fassten irgendwelche slowakischen Uniformen aus. Haben eine Armbinde vom Heimatschutz bekommen – das war so etwas wie der Volkssturm. Wir waren nicht ausgebildet. Hatten keine Ahnung, wie man schießt. Wir waren betroppezt ... Auf einmal erscheint im Hof ein uns vertrauter Feuerwehrmann in Uniform. Geht hinein. Bleibt eine Weile da drinnen bei den Herren, die dort das Kommando gehabt haben. Kommt raus, sagt: „Alle Feuerwehrleute vortreten!" Und: „So, ihr geht jetzt alle nach Hause, und wir sehen uns wieder übermorgen in der Feuerwehr! Und da werden wir auch Uniformen ausgeben, und wir werden uns auch kasernieren." Wir zogen nicht in den Partisanenkrieg! Unglaublich! Auch wieder ein Märchen.*

45

# „Rosinenbomber“ über Berlin

1948/49 schockierte die „Berlin-Blockade“ – die Blockierung West-Berlins durch die Sowjetunion – die ganze Welt. Als Folge dessen konnten die Westalliierten den Westteil der Stadt nicht mehr über Land versorgen. Doch die Westalliierten begegneten der Blockade mit einer gigantischen Luftbrücke – ein knappes Jahr lang versorgten „Rosinenbomber“ Berlin. Ein veritabler „Coup“ im kalten Krieg!

*Die Russen kamen zu der Einsicht: Das geht so nicht weiter! Wir können nicht länger zuschauen, dass Westberlin prosperiert und es mit der DDR den Bach runtergeht und dort alle Leute davonlaufen. Der Personenverkehr war ja damals noch frei. Man ist mit der S-Bahn von Ost- nach Westberlin gefahren. Also konnte jeder raus. Und damals sind auch viele, sehr viele Richtung Westen ausgewandert. Also haben die Russen beschlossen: Wir blockieren Berlin!*

*Das war die sogenannte „Berlin-Blockade“. So wurden über Nacht alle Zugänge gesperrt. Es kam keiner mehr raus, keiner rein. Und die Russen gingen davon aus, dass die Westmächte schon keinen Krieg riskieren würden. Und wenn doch: Dann sollen sie es nur versuchen! Dann werden wir ihn gewinnen! Denn bis zum Atlantik marschieren wir spielend, und die Atombombe haben wir auch ...! Jedenfalls haben die Russen damit gerechnet, dass die Amerikaner wegen Westberlin nicht schon wieder in einen Krieg gehen würden.*

*Womit sie aber nicht gerechnet haben – dass die den Mut haben werden, Berlin aus der Luft zu versorgen! Und dass sie zufälligerweise zwei Flugplätze in ihren Sektoren hatten. Nämlich Tempelhof in der Mitte der Stadt und Tegel im französischen Sektor. Sie konnten nicht ahnen, dass die dann – ebenfalls über Nacht – mit der Versorgung von zwei Millionen Berlinern beginnen würden. Das ist ja keine Kleinigkeit: zwei Millionen Menschen, die täglich essen und auch ihre Jobs behalten wollen und natürlich heizen und Elektrizität erzeugen müssen! Dass sich das aus der Luft bewältigen ließ, war ein logistisches Meisterwerk!*

*Und so sind dann die sogenannten „Rosinenbomber" geflogen. Sie sind im Minutentakt gekommen. Nahezu ein mobiles Perpetuum! Das war für die ganze Welt erstaunlich. Natürlich auch für die Sowjets, die nicht gedacht hätten, dass die das durchhalten würden. Aber sie haben das fast ein Jahr lang durchgestanden! Bis dann die Russen nachgeben mussten, weil es weltpolitisch nicht mehr zu vertreten war. Jedenfalls war die Berlin-Blockade ein Riesenschock für die ganze Welt!*

*Und natürlich war dann auch die Frage: Was wird in Österreich sein? Da gibt es eine amerikanische Quelle, die wir für „Österreich II" erschlossen haben, die besagt, dass die Russen das auch gleich in Österreich versucht hätten! Entweder wurde das von Moskau aus angeordnet, oder es war die Fleißarbeit einer untergeordneten Stelle. Jedenfalls haben sie einen Tag lang die amerikanischen Konvois von Enns nach Wien nicht durchgelassen. Da war natürlich Höchstalarm bei den Amerikanern!*

# „Whites only!“ – „Negroes only!“

1950 absolvierte der junge, aufstrebende Journalist Hugo Portisch die sechsmonatige „School of Journalism“ an der University of Missouri und arbeitete dabei als Praktikant bei der „New York Times“. Zwischendurch unternahm er ausgedehnte Reisen und sammelte Eindrücke im „Vaterland der Demokratie“ – staunenswerte und beschämende.

*In Memphis, der Hauptstadt von Tennessee, hatte ich zweierlei Erlebnisse. Eines war: Die Schwarzen haben da im Süden nichts zu reden! Überall stand „Whites only“ oder „Negroes only“ – nicht „Blacks“, sondern „Negroes“! Totale Rassentrennung!*

*Oben im Kino, wo es heiß war, durften die Schwarzen sitzen. Die Weißen saßen im kühleren Raum unten. Im Autobus durften die Schwarzen nur hinten sitzen, weil es da mehr holperte als vorne. In Drugstores, wo man nicht nur Medizin bekommen hat, sondern auch Eiscreme und Coca-Cola – wo man also zur Erholung, zur Erfrischung in diesem wahnsinnig heißen Staat ge-*

*gangen ist –, durfte kein Schwarzer rein! Wenn sich da einer zur Tür getraut hätte, wäre er schon geflogen!*

*Also, in Memphis, Tennessee, haben wir die Rassentrennung in ihrer übelsten Form kennengelernt! Natürlich haben die Verteidiger dieses Systems gesagt: Das ist nur eine räumliche Trennung, sonst haben alle die gleichen Rechte. Das war natürlich ein Riesenschmäh! Und für uns war das ein doppelter Schlag, weil wir ja aus einem Land kamen, wo die Rasse eine ungeheure Rolle gespielt hatte und der Nazismus die Juden bis zum Tod verfolgt hat! Und jetzt kommen wir ins Vaterland der Demokratie – und auch hier werden Rassen in hohem Maße diskriminiert!*

*Natürlich haben wir den Unterschied erkannt: So wie die Nazis mit den Juden sind die Amerikaner mit den Schwarzen bei Gott nicht umgegangen! Sie wollten sie nicht ausrotten, sondern ihre Arbeitskraft benutzen. Auch diesbezüglich hatte ich ein denkwürdiges Erlebnis ... Wir gingen in einen „Slum". Dort, wo die Schwarzen wohnten. Und da waren zwar keine Villen, aber saubere Holzhäuser. Die hatten alle kleine Vorbauten – sogenannte „Porches". Auf denen standen Hollywoodschaukeln. Darauf saßen ältere Damen und ältere Herren. Haben sich geschaukelt. Haben Coca-Cola getrunken. Vor fast jedem Haus stand ein Auto.*

*Wir sind in die Häuser reingegangen, alle hatten einen Kühlschrank. Die meisten hatten Fernsehen – für uns damals unbekannt! Radio sowieso. Habe ich gesagt: „Bitte, wo sind wir da? Das ist ein Slum?! Die haben alles, was wir nicht haben. Wir haben noch immer zerbombte Häuser, und wir haben kein Auto und keinen Fernsehapparat! Jedenfalls haben diese „Slums" nicht im Entferntesten so gewirkt, wie sie heute in Südafrika ausschauen oder unter der Apartheidregierung ausgeschaut haben!*

*Trotzdem: Die Schwarzen konnten ihre Kinder damals nicht in die richtigen Schulen schicken. Da sie nicht gebildet waren, mussten sie die Drecksjobs übernehmen und wurden schlecht bezahlt. Sie mussten sich überall „ducken". Das war die Kehrseite der Medaille.*

CAFETERIA
BUS
8139
SAN FRANCISCO
AMERICRUISER 2
GREYHOUND

# Eine komische Welt

Mit den heutigen USA ist das Amerika der 1950er-Jahre kaum vergleichbar, schildert Hugo Portisch. „Hitchhikern“ auf den Landstraßen vertraute man blind; die Türen der Wohnungen blieben unversperrt, und Zäune zwischen den Häusern gab es keine – sie waren sogar verboten! Der Indianer wegen …

*Wenn du zu Fuß unterwegs warst, hat dir jeder angeboten, dich mitzunehmen. Unentwegt sind Autos stehen geblieben und wollten uns mitnehmen. Wir haben das Angebot dann auch angenommen, weil wir gesehen haben: Wir entkommen dem nicht! Das hat sich dann ganz gründlich geändert in Amerika. Heute werden „Hitchhiker“ sicher nicht mitgenommen! Weil jeder Angst hat, er wird ausgeraubt oder kommt sonst irgendwie zu Schaden. Aber damals herrschte dieses totale Vertrauen!*

*So wurden Türen prinzipiell nicht zugesperrt! Auch in New York und New Jersey. Ich habe ja dann selber – 1953/54 – in New Jersey gelebt, am Ufer des Hudson. Und auch da haben wir unsere*

*Wohnung nie zugesperrt. Und so waren mitunter – wenn wir nach Hause kamen – fremde Kinder bei uns in der Wohnung und haben ferngesehen und sich Coca-Cola aus dem Eisschrank geholt. Wir fragten sie: „Wo kommt denn ihr her?" Und sie antworteten: „Unsere Eltern sind weiß Gott wo, und sie haben uns gesagt, holt euch was von irgendwo!"*

*Damals gab es in New Jersey – genauso wie in vielen anderen Staaten Amerikas – auch keine Zäune. Zäune waren verboten! Es gab keine Zäune zwischen den Häusern und keine rund um die Grundstücke. Ich fragte einmal, woher dieses Verbot kommt – man sagte mir, das stamme noch aus Indianer-Zeiten. Wenn vor 200 Jahren Indianer angriffen, musstest du in der Lage sein, ins benachbarte Haus zu fliehen, sonst warst du weg! Das hat in 200 Jahren niemand abgeschafft!*

*Später sind wir mit den Greyhound-Bussen tagelang durch Amerika gefahren. Und da bemerkten wir, dass fast alle Eisenbahn-Kreuzungen unbeschrankt waren. Und bei jeder dieser Kreuzungen ist der Chauffeur nicht nur stehen geblieben und hat sich umgeschaut, ob ein Zug kommt – er hat auch immer die Tür aufgemacht! Und wieder zugemacht. Hundert Mal auf einer*

*Fahrt. Habe ich gefragt: „Warum macht der das?" Sagte man mir: „Das befiehlt das Gesetz! Wenn ein Passagier dem Fahrer nicht zutraut, dass er sicher über die Eisenbahngleise kommt, muss er die Gelegenheit haben, auszusteigen. Das ist das Gesetz!" Wir haben auf unserer Reise durch Amerika einige solcher Gesetze entdeckt. Zum Teil war es für uns eine komische Welt.*

*Aber es waren zum Teil auch durchaus vernünftige Verbote und Gebote. So haben wir in Chicago bemerkt, dass die Autos – auch wenn du die Straße ohne Zebrastreifen und grünes Licht überquert hast – sofort stehen geblieben sind. Keiner hat gehupt. Keiner hat dich vertrieben! Ich selbst habe 1953 in Amerika meinen Führerschein gemacht. Und da war absolutes Gebot in der Fahrschule: Was auch immer die Fußgänger für einen Blödsinn machen – du musst Rücksicht nehmen! Du hast die Fußgänger zu schonen! Das sind die Schwachen. Du bist der Starke.*

# Rasieren in New York

1953 wurde Hugo Portisch stellvertretender Leiter des österreichischen Informationsdienstes in New York. In dieser Funktion hatte er Bundeskanzler Julius Raab, der kein Englisch konnte, bei seinem USA-Besuch zu begleiten. Es war – acht Jahre nach Ende des Zweiten Weltkriegs und zwei Jahre vor Unterzeichnung des Staatsvertrages – dessen erste Überseereise. Die politische Situation war heikel …

*In New York wohnten wir im Waldorf Astoria. Eines Tages, um sieben Uhr in der Früh, klopft es an meiner Zimmertür. Draußen ist der Kanzler! Ich war noch im Pyjama. Sagt er: „Gehen wir zum Rasierer!" Das war er offenbar von Wien gewohnt, dass ihn Friseure rasieren. Ich hupfe also in meine Kleider rein, und wir verlassen das Waldorf Astoria. Kein Verkehr, keine Menschen, nichts. Das war die Stadt, die niemals schläft?! Wir verlassen das noch nachtschlafende Hotel. Ich sage: „Ich kenn da in der Nähe einen Friseur. Vielleicht ist der schon offen. Da können wir hingehen und schauen!"*

*Die Straße ist menschenleer. Wir wollen sie überqueren – plötzlich springen mehrere Männer auf uns zu, die scheinbar von nirgendwo hergekommen sind! Stellen sich mitten auf die Straße und breiten die Arme aus! Habe ich gesagt: „Werden wir jetzt überfallen?!" Im Gegenteil: Der Secret Service, der auf uns aufpassen sollte – den wir aber im Laufe unseres Amerika-Aufenthalts öfters erfolgreich abgehängt haben –, hat entdeckt, dass wir unerlaubterweise das Hotel verlassen haben! Und das im uns „feindlich gesinnten" New York, wo an jeder Ecke ein Anti-Österreich-Demonstrant mit faulen Tomaten auf uns hätte warten können! Ich allein war schuld, ich habe den österreichischen Kanzler unbewacht durch diese Straßen New Yorks geführt. Und die haben das zu spät entdeckt und sind uns nachgeeilt und haben jetzt die Straße gesperrt, falls ein Auto kommt. Aber es war kein Auto weit und breit zu sehen!*

*Natürlich haben sie mich „angefahren"! Wie ich mich unterstehen könne, den Julius Raab ohne Schutz durch New York zu führen! Ich habe mich „anfahren" lassen und ihnen mitgeteilt, wo wir hingehen – zum Rasieren! Die Secret-Service-Leute sind uns jetzt vorausgegangen. Wir kommen zum Friseur, der ist offen, wir gehen hinein.*

*Ich sage: „Bitte können Sie den Herrn rasieren!" Der sagt: „Selbstverständlich!" Legt, wie das in Amerika damals üblich war, diesen großen Lehnstuhl um, sodass der fast wie ein Bett wirkt. Legt auch den Raab damit um. Schäumt ihn liegend ein. Nimmt das große Rasiermesser. Schleift es – und fängt an, ihn zu rasieren. Vor der Auslagenscheibe des Friseurs picken zwei Gesichter des Secret Service …*

*Nachher wurde ich vom Secret Service zum Verhör bestellt! Ob mir bewusst war, dass der Friseur ein Jude ist. Und ob mir bewusst war, dass der dem österreichischen Bundeskanzler ohne Weiteres die Kehle hätte durchschneiden können! In diese riesige Gefahr habe ich den Kanzler gebracht! Es war wie ein Gerichtsverfahren gegen mich! Ich habe das dann dem Raab erzählt. Der hat laut gelacht.*

# Im „War Room“

Im Zuge seiner Amerika-Reisen wurde Hugo Portisch auch einmal in den zentralen „War Room“ in Omaha eingeladen. Dort erfuhr er viele Details über das Prozedere im atomaren Ernstfall.

*Im „War Room“ wird alles registriert. Über Monitore, die in ganz Amerika verteilt sind, kommen Informationen herein. Und hier wird auch im Falle des Falles ein Atomkrieg gestartet! So einfach ist das aber nicht, denn nur der Präsident darf den letzten Befehl geben! Aber auch er wird kontrolliert – von den Generälen im Pentagon.*

*Im „War Room“ selbst gibt es drei Telefone. Ein goldenes, ein blaues und ein rotes. Mit dem blauen wird das Pentagon verständigt. Mit dem goldenen der Präsident. Und mit dem roten wird der Atomkrieg ausgelöst! Der Präsident kann den Atomkrieg auch vom Weißen Haus aus auslösen. Er hat dort den berühmten schwarzen Koffer zum Auslösen des Atomkrieges.*

*Wir konnten diesen „War Room" filmen. Da standen an zwei Ecken Militärpolizisten mit Pistolen. Sie hatten einen klaren Befehl: Sollte ein General verrücktspielen und glauben, er könne allein zum roten Telefon greifen, würden sie ihn sofort erledigen! Man hat die Gänsehaut bekommen können in diesem „War Room"!*

*Anschließend sind wir nach North Dakota – in die „Silos". Wir kamen mit dem Hubschrauber in einer total friedlichen Landschaft an, wo nichts Ungewöhnliches zu sehen war. Eines der alten Farmhäuser war mit einem Code zu betreten. Über eine Gegensprechanlage musste man die Tages- oder Stundenlosung sagen. Dann öffnete sich ein riesiges Silotor aus Stahl und Beton.*

*Im Inneren dieselbe Prozedur. Noch mehr Silotore. Noch mehr Codes. Dann erreichten wir den Kommandoraum für die Atomraketen. Da saßen zwei Luftwaffenoffiziere, um mögliche Befehle zum Atomkrieg entgegenzunehmen: Jeder hat einen Schlüssel für den Ernstfall. Nur gemeinsam können sie den roten Tresor öffnen. Diesem entnehmen sie die Codes für die Atomraketen. Jeder nimmt seinen Code und geht zu seiner Kommandostelle. Diese liegen 15 Meter auseinander. Es kann also nicht einer den anderen umbringen und dann beide Kommandostellen bedienen. Sollte einer versuchen, den Kommandostand des anderen zu kapern, wird er erschossen!*

*Bei den Atom-U-Booten schaut es ganz genauso aus. Auch hier sind Aufseher bereit, die diensthabenden Offiziere und den Kapitän im Notfall umzubringen! Schließlich sind wir noch zu den B52-Bombern geflogen, die in der Nähe von Chicago postiert sind. Die haben uns eine Alarmsituation vorgeführt: Da starten dann diese Riesenflugzeuge mit acht Düsenmotoren alle 60 Sekunden … Hätte eines der Flugzeuge beim Start eine Panne, wäre die ganze Aktion geplatzt!*

*Zum Hintergrund: Vernünftigerweise gab es unter Nixon und Breschnew den ABM-Vertrag zur Begrenzung von Raketenabwehrsystemen. Aber der wurde von George W. Bush leichtsinnig aufgekündigt! Unter Bush sind wir zurückgekehrt zu den Höhlenmenschen, die sich gegenseitig mit den Knüppeln die Schädel eingehauen haben!*

# Sachsen in der Wüste

Die „Suezkrise“ 1956 war ein internationaler Konflikt zwischen Ägypten auf der einen und Großbritannien, Frankreich und Israel auf der anderen Seite. Auslöser war die Verstaatlichung der Suezkanal-Gesellschaft durch Ägyptens Präsidenten Nasser. Hugo Portisch, damals schon beim „Kurier“, machte sich ein Bild davon.

*1956 hat Nasser in Ägypten den Suezkanal verstaatlicht. Plötzlich ist dieser so wichtige Wasserweg unter Kontrolle eines den europäischen Mächten nicht gerade wohlgesonnenen Nationalisten, radikalen Panarabisten und erklärten Israel-Feindes! Das war ein Riesenweltereignis! Und ich sagte: Das schaue ich mir an! Ich will zu diesem Kanal.*

*In Ägypten angekommen, hatte ich wieder ein riesiges Glück! Ich kannte dort zwar niemanden, ging aber zur österreichischen Botschaft und teilte denen mit, dass ich mit der ägyptischen Kanalverwaltung sprechen möchte. Sie sagten: „Da haben wir vielleicht eine gute Verbindung für Sie – den*

*Munir". Er sei der Sohn eines berühmten ägyptischen Abgeordneten, steht aber dem Nasser eher unfreundlich gegenüber. Er weiß alles!*

*Ich traf den „Munir". Ein fescher junger Mann. Er sagte: „Sie werden morgen an den Kanal geführt." In der Tat – frühmorgens steht ein Auto mit einer besonderen Fahne am Kühler vor dem Hotel. Wir durchqueren mehrere Posten, alle stehen stramm. Wir fahren zur Kanalverwaltung. Dort werde ich von einem uniformierten Mann empfangen. Der erzählt mir alles, was ich wissen wollte.*

*Ich werde wieder im Hotel abgesetzt. Setze mich an die Schreibmaschine, schreibe meinen Bericht brühwarm für den „Kurier". Ich will ihn auf der Post in Kairo als Fernschreiben aufgeben, aber der Postbeamte bedeutet mir, ich möge Platz nehmen. Auf einmal kommt ein Offizier in weißer Uniform und bittet mich – auf Deutsch –, ihm zu folgen. Da sitzt ein zweiter Uniformierter. Sie sprechen nicht nur Deutsch – sie sprechen Sächsisch! Jetzt war mir schlagartig klar: Das sind Herren aus der DDR! Beim Verhör war mir sofort klar: Wenn ich jetzt zu viel erzähle, ist der „Munir" in Gefahr!*

*Noch am selben Tag kommt der „Munir" zu mir ins Hotel und sagt: „Ich zeige Ihnen was!" Wir sind zu einem kleinen Flugfeld gefahren, wo nur Segelflugzeuge standen. Dort stellte er mir einen Major vor, der mich in seinen Zweisitzer einsteigen ließ. Wir sind über die Residenz von Nasser geflogen, bis zu den Pyramiden. Dort zeigte er hinunter, und man konnte Hunderte Panzer in der Wüste stehen sehen. Sowjetische Panzer! Wir flogen zurück – ich war fassungslos! Das ist eine sowjetische Bewaffnung Ägyptens! Der Nasser ist bereit zu kämpfen! Entweder für seine Verteidigung – oder sogar, um einen Krieg gegen Israel zu führen!*

*Um sechs in der Früh werde ich aufgeweckt – der „Munir": „Sie müssen sofort mit mir kommen! Nehmen Sie alles mit, Sie verlassen Ägypten!" Auf dem Flugfeld stand schon eine TWA-Maschine. Diese brachte mich nach Wien. Später habe ich erfahren: Die Herren aus Sachsen wollten mich holen!*

# Invasion mit Badenixen

Die Libanonkrise 1958 war eine politische Krise. Staatspräsident Chamoun wurde Wahlmanipulation vorgeworfen. Er bat die USA um Hilfe. Die 6. US-Flotte wurde in Marsch gesetzt. US-Truppen landeten in Beirut, um Chamoun zu stützen. Hugo Portisch war Augenzeuge.

*Die Amerikaner haben offiziell angekündigt, dass sie den Bürgerkrieg im Libanon nicht mehr dulden werden. Es hieß: „Übermorgen kommen die Amerikaner!" Wir sind am Strand gestanden. Es war ein Sonntag. Viele haben gebadet oder sind Wasserski gefahren. Auf einmal sehe ich: Der Horizont verdunkelt sich über dem Meer. Kriegsschiffe! Landungsboote! Die kommen mit ziemlichem Tempo dahergeschossen. Eine Invasionsflotte!*

*Und gleichzeitig, blitzschnell, sind auch Boote vom Strand hinausgeschossen. Mädels auf Wasserskiern! Die Amerikaner haben nicht gewusst, wie ihnen geschieht! Die Invasionsflotte wurde willkommen geheißen von Badenixen! Die GIs hatten geglaubt, da steht der Feind, und sie wer-*

*den jetzt kämpfen müssen. Aber das Gegenteil war der Fall: Die Araberbuben haben ihre Coca-Cola-Stände aufgemacht und ihnen eiskaltes Cola angeboten. Die Invasoren waren völlig verwirrt: Die haben einen Kriegszustand erwartet, und es war wie auf dem Jones Beach in New York! Ich habe diese Invasion mitgemacht – es war ein lustiges Erlebnis für mich.*

*Ich bin dann weiter – und hatte noch zwei weitere Erlebnisse. Ich wollte König Hussein interviewen. Habe auch die Zustimmung bekommen. Es gab einen Flug in der Woche von Beirut nach Amman. Bemerkenswert war dieser Flug deshalb, weil im rückwärtigen Teil der Maschine Ziegen geladen waren. Mähende und meckernde Ziegen im Passagierraum! So war es damals, noch sehr primitiv. Ich bin dann im Königspalast empfangen worden, und es war ein sehr interessantes Interview zur Nahostlage und auch zum Suezkanal.*

*Schließlich wollte ich über Zypern nach Israel fliegen. Das war damals noch englisches Hoheitsgebiet. Und es war Bürgerkrieg! Ich komme also dorthin. Sagen die: „Wo ist Ihr Visum?" – „Ich habe kein Visum!" – „Dann weg zum Verhör! Sicher ein Journalist, der sich da einschleichen will!" – „Ich will ja nur weiterfliegen!" Der Weiterflug war aber erst am nächsten Nachmittag. Daraufhin wurde ich ganz übel von einem sehr gut Deutsch sprechenden britischen Offizier interviewt. Sehr übel! Er hatte einen richtigen „Pick" auf Österreich! Das Resultat: Ich bin verhaftet! Ich werde am Flughafen interniert!*

*Sie haben mich in eine kleine Holzbude gesperrt. Ich hatte nichts zum Lesen mit und auch kein Radio dabei. Es war ein heißer Tag. Plötzlich bekam ich zwei Verbündete: Der Hauptverbündete war der Koch! Er war sehr lieb, ein richtiger Cockney. Er hat seine Offiziere offenbar verachtet und mir ein schönes Abendmenü gebracht! Und mit dem Abendmenü kamen meine anderen Verbündeten: Fliegen! Die ganze Bude war voll mit Fliegen, die sich auf mein Nachtmahl gestürzt haben! Aber es war vergnüglich zuzuschauen, wie Fliegen miteinander kommunizieren …*

# Es geht um die Wurst

Anfang der 1960er-Jahre begann sich Hugo Portisch intensiv für die Sowjetunion zu interessieren und unternahm mehrere Reisen dorthin. Auch sein letztes, kurz vor seinem Tod verfasstes, Buch beschäftigte sich mit dieser Region: „Russland und wir". Im Interview schilderte „unser Mann in der Welt" eindrucksvolle Erlebnisse während seiner ersten Besuche.

*Um Bücher wie „So sah ich die Sowjetunion" oder „So sah ich Sibirien" schreiben zu können, musste ich die Sowjetunion natürlich mit eigenen Augen sehen und kennenlernen. Also habe ich im Jahr 1962 an der sowjetischen Botschaft in Wien ein Visum beantragt.*

*In Moskau angekommen, fuhr ich bald weiter, um mir Leningrad anzuschauen. Dort komme ich auf den Markt und sehe eine große Schlange von Frauen mit Milchkannen in der Hand. Die haben sich bei einem Milchgeschäft angestellt! Ich habe meinen Fotoapparat herausgenommen und die Schlange fotografiert. Mehr habe ich nicht gebraucht! In dem Moment sind diese Frauen alle miteinander auf mich losgegangen, haben mich beschimpft und wollten mir den Fotoapparat wegnehmen. Aber Gott sei Dank war blitzschnell eine Miliz da! Allerdings wurde ich von denen sofort abgeführt!*

*Auf der Polizeistation hat mich dann einer, der Englisch sprechen konnte, gefragt: „Was machen Sie da?“ Ich habe ihm gesagt, wer ich bin, und er antwortete: „Sie müssen das schon verstehen! Diese Frauen haben da noch große Not in Leningrad. Die Leute müssen sich um alle Sachen anstellen. Die stellen sich sogar um Milch an! Und die glauben eben, dass ein westlicher Mensch, der sie fotografiert, damit Propaganda machen will, wie schlecht es uns geht! Er will sie verspotten!“ Sage ich: „Nichts liegt mir ferner! Ich gebe Ihnen gerne auch den Film, wenn Sie wollen.“ Mir war ja wichtig, dass sie mich nicht dortbehalten oder gar als Spion einsperren! „Nein“, hat er gesagt, „behalten Sie den Film. Aber ich wollte Ihnen nur verständlich machen: Diese Stadt ist im Krieg vier Jahre lang belagert worden. Hatte große Hungersnot. Es sind viele Menschen gestorben. Sie hat auch jetzt noch große Not. Die Leute wollen sich das nicht gefallen lassen, dass man sie im Westen auslacht!“ – Das hat mir imponiert.*

*Wieder in Moskau zurück, besuchte ich an einem Feiertag den Roten Platz. Dort waren junge Leute und haben Gitarre gespielt. Auf einmal zischen ein paar „Zivilisten“, durch die vielen Leute durch, auf den Gitarrenspieler los. Schreien mit ihm, nehmen ihm die Gitarre weg und zerbrechen sie! Junge Menschen und Gitarrenklänge – das war schon zu viel! Zu viel Freiheit! Ich war völlig weg, so etwas beobachtet zu haben …*

*Anschließend war ich natürlich im großen Kaufhaus „Gum“ am Roten Platz. Auch dort haben sich lange Menschenschlangen angestellt, sodass ich gedacht habe, wo ist das Ende dieser Schlange? Was kauft man da? Das Objekt der Begierde war eine ziemlich große, runde Wurst, von der man dicke Scheiben abgeschnitten hat. Um diese großen Scheiben Wurst haben sich mehr als hundert Leute angestellt!*

# Zu nackt für Alexandra

Auf seiner Reise durch die Sowjetunion begegnete Hugo Portisch wiederholt „Heimatlichem“ – wie er selbst war auch die Wiener Eisrevue auf Tour durch die Sowjetunion. Doch das war schon zu viel „Nacktheit“ für seine Dolmetscherin.

*In der Früh komme ich runter in die Hotelhalle. Da steht eine Dame: „Sind Sie Herr Portisch? Mein Name ist Alexandra.“ Sage ich: „Das freut mich!“ – „Ich bin Ihre Dolmetscherin.“ Sage ich: „Entschuldigen Sie, das ist wunderbar! Aber woher kommen Sie?“ – „Ich bin Ihnen als Dolmetscherin zugeteilt, und ich werde Sie von jetzt an begleiten!“ Ab da war ich unter Aufsicht! Wie blöd und kurzsichtig, dass ich mir vorgestellt habe, ich könnte mich in der Sowjetunion so bewegen wie in Frankreich oder in Deutschland. Jedenfalls hat mich Alexandra fortan begleitet. Und es war klar, dass sie mich auch zu überwachen hatte!*

*Im Zuge dieser vierwöchigen Reise durch die Sowjetunion kamen wir – Alexandra und ich – in die kasachische Stadt Almaty. Sagt sie: „Schauen*

*Sie! Die Wiener Eisrevue ist da!" Sage ich: „Ist ja ganz toll! Kaufen wir uns Karten und gehen wir da rein!" Sagt sie: „Die ist ausverkauft! Wenn die Wiener Eisrevue da ist – alles ausverkauft!" So sind wir, da wir auch wirklich nicht viel Zeit hatten, unverrichteter Dinge weitergefahren.*

*Wir kommen nach Tiflis in Georgien und fahren wieder durch die Stadt. Und was ist dort? Die Wiener Eisrevue! Alexandra: „Wir bekommen mit Sicherheit keine Karten!" Aber diesmal hatte ich Zeit. Ich gehe zum Büro, und zufälligerweise haben die mich aus den Chefredakteurs-Sendungen gekannt. Die Solotänzerin Ingrid Wendl hat mich herzlich begrüßt.*

*Am Abend waren wir Ehrengäste der Wiener Eisrevue. Wir sind in der ersten Reihe gesessen. Und da hat mich Alexandra auf eine ganz merkwürdige Weise verblüfft. Also: Die Eisrevue fängt an mit der Melodie der Eurovision. Dann kommt ein prachtvoller Einzug der Wiener Eisrevuemädchen. Die Alexandra sitzt dort wie versteinert!*

*In der Pause frage ich sie: „Gefällt es Ihnen nicht?" Sagt sie: „Herr Portisch, so etwas habe ich noch nie gesehen!" – „Was ist da so besonders daran? Eislaufen ist in der Sowjetunion doch be-*

*rühmt." Drauf sie: „Die sind doch alle nackt!" – „Aber Alexandra, die sind sehr bekleidet!" – „Nein, die sind nackt! Da sieht man doch alles!" Sage ich: „Da sieht man gar nichts, was wichtig ist!" Sie war außer sich!*

*Die Mitwirkenden der Eisrevue luden mich danach ein: „Wir feiern heute Abend da oben über dem Stalin-Denkmal. Sie kommen doch mit?!" Ich fragte: „Darf ich die Alexandra mitbringen?" – „Ja, aber natürlich!" Oben wurde dann auf Georgisch und auf Wienerisch gefeiert mit allem Drum und Dran.*

*Am nächsten Tag hätte ich die Alexandra eigentlich in eine Nervenheilanstalt schicken müssen. Die war so weg, dass sich Menschen so benehmen können! Dass eine solche Fröhlichkeit herrscht! Alexandra: „Also ich kann Ihnen versichern, die Georgier sind nicht wie wir! In Russland wäre so etwas gar nicht möglich!" Es war eine andere Welt. Eine komische andere Welt.*

# „Alle Flüchtlinge aufnehmen!“

Am 4. November 1956 marschierten fünf sowjetische Divisionen in Ungarns Hauptstadt ein und schlugen den Volksaufstand gewaltsam nieder. Viele Ungarn flüchteten über die österreichisch-ungarische Grenze, wo sie mit Empathie willkommen geheißen wurden.

*Die Ungarn-Krise war ein Fall, wo unsere Neutralität auf dem Spiel stand. Denn da waren die Sowjets, die die Ungarn bis zur Grenze verfolgt haben. Die den ungarischen Aufstand niedergeschlagen haben … Also, welche Haltung wird Österreich als neutraler Staat einnehmen? Und wie wird sich der Neutralitätskanzler Raab in diesem Fall verhalten?*

*Ich weiß, dass man in der Schweiz nachgefragt hat, was man in einem solchen Fall tun solle. Und die haben blitzschnell geantwortet: „Grenze sperren!“ Aber der Kanzler sagte: „Grenze aufmachen!“ Alle Flüchtlinge aufnehmen! Ohne Pass, ohne Visum, ohne Kontrolle! Überall stellt ihr rot-weiß-rote Fahnen auf, damit die wissen, wohin sie zu laufen haben! Dann hat er dem Bun-*

*desheer befohlen: „Unsere Panzer vorrollen bis zur Grenze!" An der Grenze jeden sowjetischen Soldaten, der herüberkommt, zur Entwaffnung auffordern! Und wenn Widerstand geleistet wird, ist das Feuer zu eröffnen!*

*Nachhaltigen Dank der Welt für unsere Haltung damals hat es nicht gegeben. Aber meiner Ansicht nach gehört dem Raab und Österreich ein großes Denkmal gesetzt, dass sie das gewagt haben! Ich habe alles mitverfolg: Die Bundesbahnen bekamen die Regierungsweisung, alle Züge an die österreichisch-ungarische Grenze zu schicken. Die Zugsgarnituren sind nur so auf und ab gefahren entlang der Grenze, vollgestopft mit Flüchtlingen! Das Rote Kreuz und alles, was irgendwie human tätig war, zündete entlang der Grenze Feuer an, damit sich die Flüchtlinge orientieren können. Und wenn sie gekommen sind, gab's Tee und Kaffee, Essen und Kleidung. Es ist eine ganze Ärzteschaft an der Grenze aufgefahren. Es war ein humanistischer Hilfszug ohnegleichen!*

*Und wenn ich heute sehe, wie sich ganz Europa – nicht nur Österreich – wehrt gegen Flüchtlinge! Was da wegen einem Flüchtling oder einem Asylwerber alles aufgeboten wird an Gesetzen und an Gerichtsverfahren und an Abwehrmechanismen! Niemand darf uns auch nur ein Stückerl Butter vom Brot wegnehmen!*

*Ich sehe schon ein, dass man die Grenzen Europas und auch Österreichs heute nicht so öffnen kann, wie wir sie den Ungarn gegenüber geöffnet haben. Es ist auch nicht die gleiche Situation, das ist mir vollkommen klar. Wir waren ein Jahr frei und wussten, was es heißt, besetzt zu sein. Wir wussten, was es heißt, unter einer sowjetischen Diktatur zu leben. Da gab es natürlich ein Mitgefühl mit den Ungarn.*

*Vermutlich ist es heute schwerer, ein ähnlich großes Mitgefühl mit Nigeria, mit Afghanistan, mit der Sahara zu entwickeln. Aber trotzdem: Es regt mich auf, dass wir nicht großzügiger, nicht flotter, nicht menschlicher mit den Flüchtlingen umgehen. Und dass wir aus dieser dramatischen Zeit nicht etwas herübergerettet haben an Mut. An Wagemut.*

212

# „Die Sowjets sind schon vor der Tür!“

In der Nacht zum 21. August 1968 marschierte eine halbe Million Soldaten der Sowjetunion, Polens, Ungarns und Bulgariens in die Tschechoslowakei ein und besetzte in wenigen Stunden alle strategisch wichtigen Positionen des Landes. Alexander Dubček, die Symbolfigur des „Prager Frühlings“, war mit seinem Projekt eines „Kommunismus mit menschlichem Antlitz“ gescheitert.

*Im Sommer 1968 waren wir auf Urlaub in Malta. Ich komme runter in die Hotellobby. Die ist voll mit Menschen, und alles starrt auf den Fernseher. Ich traue meinen Augen nicht: Panzer fahren über den Wenzelsplatz in Prag. Ich sage: „Was ist das?!“ – „Die Sowjets sind in der Tschechoslowakei einmarschiert!“ Ich stürze zum Telefon. Rufe im ORF den Alfons Dalma an. Der sagt: „Wo bleibst du?! Seit der Früh suchen wir dich schon!“ Also: Ab nach Wien! Dann war alles sehr dramatisch: Wir kamen nicht mehr nach Prag hinein! Die Stadt war hermetisch abgesperrt. Aber das tschechische Fernsehen hat gefilmt. Hat überall, wo es möglich war, gefilmt.*

*Dann geschah etwas Großartiges: Die tschechischen Fernsehleute haben ihre Filmrollen den österreichischen Touristen, die schleunigst das Land verließen, in die Autos reingeworfen! Und sagten: „ORF!!!" Die Touristen haben es kapiert und uns das Material geliefert. Am laufenden Band kamen Touristen: „Bitte, vor der Grenze ist das plötzlich in unser Auto geworfen worden! Die haben gesagt: ORF!"*

*Wir haben von diesen sehr tapferen Fernsehleuten in der Tschechoslowakei einen Filmbericht nach dem anderen bekommen. Auch das tschechische Fernsehen hat sich immer wieder bei uns gemeldet: „Jetzt sprechen wir aus einem geheimen Studio in Prag! Jetzt sprechen wir aus einem geheimen Studio in Brünn! Die Sowjets sind schon vor der Tür!" Der Bacher war sehr mutig und ließ – Neutralitätsbruch hin oder her – ab sofort jede Stunde in tschechischer Sprache senden.*

*Aus der österreichischen Regierung kamen widersprüchliche Signale. Der Außenminister Waldheim hat eine Erklärung abgegeben: „Wir bleiben neutral, und lasst uns in Ruh'!" – so ungefähr. Der hat dann auch eine Weisung an den Botschafter in Prag – den Rudolf Kirchschläger – gegeben, keine Visa an Tschechen auszustellen! Aber auch der Kirchschläger war mutig und hat gesagt: „Ich gebe weiterhin Visa aus, auch wenn das für mich schlimme Konsequenzen haben sollte!" Interessanterweise haben der deutsche und der Schweizer Botschafter in Prag dann beim Kirchschläger angefragt und sich ein Beispiel an ihm genommen.*

*Einer, der nie an die Reformbewegung in Prag geglaubt hat, war der Kreisky. „Es gibt keinen Kommunismus mit menschlichem Antlitz", sagte er. Er hat die Strukturen, die marxistischen und die sowjetischen, besser gekannt als alle anderen. Die Sowjetführung war wie ein großer Elektromagnet, und die Satelliten waren wie Eisenstaub, der daran klebte. Doch irgendwann einmal geht es zack! Jemand dreht den Strom ab! Und alles fällt zusammen. So ist es dann unter Gorbatschow mit der Sowjetunion geschehen.*

# Brennende Barrikaden

1968 war nicht nur für Journalisten ein dramatisches Jahr: „Prager Frühling", Vietnam – und an der Pariser Sorbonne revoltierten die Studenten. Hugo Portisch, der Chefkommentator des ORF, war hin- und hergerissen.

*Aufstand in der Sorbonne! Wir sind da sofort hinüber und erlebten die revoltierenden Studenten von Paris. Barrikaden wurden gebaut. Mit Pflastersteinen der umliegenden Straßen, mit Autoreifen und so weiter. Die Polizei kam angerannt gegen die Barrikaden. Die Studenten warfen mit Steinen. Die Polizisten schossen mit Tränengas. Auf der Sorbonne wurde eine schwarze Fahne gehisst. Die Fahne der Anarchie!*

*Der Cohn-Bendit – später grüner Abgeordneter im Europaparlament und lange Zeit ein großer Sprecher der Linken; heute nicht mehr gar so links – hat das Ganze geleitet. Hat in der Sorbonne Interviews gegeben. Darunter eines, in dem er gesagt hat, es gibt überhaupt nur noch eine Staatsform: die Räterepublik. Alles andere gehört niedergerissen! Aber auf Russisch übersetzt heißt das – Sowjetrepubliken! Sowjets waren Räte. Und der Cohn-Bendit hat in Paris dafür plädiert: „Frankreich muss eine Sowjetrepublik werden!“ Echt! Das hat er dann später aufgegeben. Und auch der Joschka Fischer in Deutschland hat das später aufgegeben.*

*Cohn-Bendit und die Pariser Revolutionäre haben immer im Odeon gesprochen. Das war ein besetztes Theater. Und die Regierung hat sie reden lassen und nicht belästigt. Was wohl auch damit zu tun hatte, dass die Gewerkschaften hinter den Aufständischen standen. Die Arbeiterschaft hat die Straßen gesperrt. Und wenn man da durchwollte, musste man einige Francs in den Spendensack werfen.*

*So bin ich jeden Tag vom Hotel hinüber in die Sorbonne. Habe Kommentare gesprochen. Manchmal vor brennenden Barrikaden! Gemeinsam mit einem Redakteur der „Arbeiter-Zeitung“ habe ich mich dort in die Kämpfe eingeschaltet.*

*Es wurde immer Tränengas eingesetzt, und es war eigentlich bewundernswert, wie die Studenten gekämpft haben, wie sie durchgehalten haben, und mit Rot-Kreuz-Fahnen ihre Verwundeten herausgeholt haben. Die Polizei hat das nicht geduldet und auf die Leute mit den Fahnen mit Tränengas geschossen!*

*Ich muss sagen, ich habe begeisterte Kommentare von Paris gesprochen! Das war auch das einzige Mal, wo ich mit der zentralen Chefredaktion des ORF übers Kreuz gekommen bin – die war der Meinung, dass ich nicht ganz objektiv sei. Damals habe ich das bestritten. Aber wahrscheinlich habe ich wirklich ein bisschen zu viel Sympathie hineingelegt für die belagerten Studenten in Paris.*

*Ich habe dann auch einen großen Beitrag gemacht für den „ORF-Report", wo ich aus der belagerten Sorbonne gesprochen habe unter der schwarzen Fahne der Anarchie. Wie es da zugeht unter den Studenten. Eigentlich toll! Natürlich war es ihr Ziel, den de Gaulle zu stürzen und den Gaullismus aus Frankreich zu verbannen. Und die Mittel dafür waren vielleicht nicht ganz demokratisch. Aber ganz demokratisch war ja auch der Gaullismus nicht.*

# Dschungel mit Giftschlangen

Auf seiner ersten China-Reise landete Hugo Portisch einen journalistischen Scoop, der ihm weltweit Schlagzeilen eintrug. Es ging um die USA, China und den Vietnamkrieg, der gerade eskalierte.

*In Peking angekommen, habe ich sofort um ein Interview angesucht. Ein möglichst hochrangiges: Also, ich hätte gerne den Herrn Mao Zedong gesprochen oder den Herrn Chuen-Lei. Oder wenigstens den Außenminister. Dann sind wir kreuz und quer durch China gefahren, und nie war eine Nachricht, dass ich irgendein Interview bekommen würde. Ich dachte, jetzt ist alles aus. Wir haben Peking liegen lassen, sind nach Shanghai. Und es war bedrückend, wie der Herr Liu – das war mein ständiger Aufpasser – mich pausenlos überwacht hat. Wenn ich gesagt habe, ich möchte jetzt zur Toilette gehen, ist er mit mir gegangen und hat sich neben mich gestellt.*

*Eines Abends sagte er zu mir: „Bitte gehen Sie auf Ihr Zimmer und verlassen Sie es nicht!" – „Was ist los?" – „Das kann ich Ihnen nicht sa-*

*gen!" Es war schon bedrohlich, dass ich da jetzt eingesperrt werde! Es war eine unruhige Nacht. Und gegen elf Uhr am nächsten Vormittag läutet das Telefon. Der Herr Liu: „Bitte kommen Sie sofort herunter!" Unten standen zwei Männer in Lederjacken. Geheimpolizei! Sie haben mich in ein ziemlich großes Auto hineingesetzt und weggeführt.*

*Wir biegen ein zu einer Villa, und ich bin etwas erleichtert: Ein Gefängnis schaut anders aus! Ich werde in ein Zimmer geführt, da sitzt ein älterer Herr mit weißen Haaren. Er hat mich freundlich begrüßt – und er hat mir meine Biografie erzählt! Dazwischen hat er mich immer wieder gefragt, ob ich tatsächlich mit all diesen einflussreichen Staatsmännern zusammengekommen bin und Interviews gemacht habe. Ich sagte: „Ja, das ist wahr!" – „Auf Wiedersehen!"*

*Im Hotel angekommen, wurde ich von Herrn Liu wieder aufs Zimmer geschickt. Kein Mittagessen. Dann um drei Uhr: „Bitte kommen Sie sofort herunter!" Diesmal zwei Autos. Keine Lederjacken. Vor einem Palais steige ich aus: „Wo bin ich da?" Sagt jemand: „Der Herr Außenminister, Marschall Chen Yi, wird Sie jetzt empfangen!" Es öffnet sich die Tür und der Marschall – ein ehemaliger Weggefährte Maos auf dem „Langen Marsch" – hinkt mir auf einen Stock gestützt entgegen. Er erzählt mir Dinge, die ich nicht gleich begreife – über Vietnam! Er betont, dass China überhaupt kein Interesse an Vietnam habe: „Das ist nur ein Dschungel mit Giftschlangen!" Dann erzählt er mir: „Sie wissen doch, die Amerikaner haben soeben Hanoi bombardiert!" Mir ist die Spucke weggeblieben! Hier sagt mir der chinesische Außenminister sinngemäß: Wenn die Amerikaner in Nordvietnam einmarschieren, werden die Chinesen nichts dagegen tun!*

*Zurück in Wien, habe ich im „Kurier" sofort das große Chen-Yi-Interview abgedruckt. Noch am selben Tag bekomme ich Anrufe von der amerikanischen Botschaft – ein Herr des State Departments möchte mit mir sprechen. Dann, zwei Tage später, ganz groß über fünf Balken, schreibt die „New York Times": „China does not want to go to war".*

# Maschinenpistolen im Bett

Der Vietnamkrieg wurde von 1955 bis 1975 in und um Vietnam geführt. Als wesentliche Kriegsparteien standen Nordvietnam und der Vietcong den USA und Südvietnam gegenüber. Hugo Portisch besuchte in dieser Zeit mit einem südvietnamesischen Konvoi den Dschungel im Mekong-Delta.

*„Sie brauchen keine Sorge zu haben", sagte der südvietnamesische Offizier. „Wir gehen hier ständig auf Patrouille, und der Vietcong macht uns in der Regel nichts! Und wenn es zu Kampfhandlungen kommt, sind unsere Leute so stark und so gut ausgerüstet, da kann gar nichts passieren. Sie können ruhig mitgehen!"*

*Am nächsten Tag im frühen Morgengrauen brechen wir auf. Alles sehr nette, meist nicht Englisch sprechende Soldaten. Aber wir haben uns gut mit Händen und Füßen verständigt. Dann war Zeit zum Mittagessen. Und die Soldaten schnallten Käfige mit einem Gitternetz ab – da waren lebende Heuschrecken in großer Anzahl drinnen! Und die wurden jetzt in Woks bei leben-*

*digem Leib geröstet. Am Abend war ich schon so hungrig, dass ich zumindest kosten wollte. Es war gar nicht übel! Nach zwei Tagen sind ihnen die Heuschrecken ausgegangen, aber sie haben aus irgendwelchen Schlupfwinkeln des Dschungels große weiße Raupen herausgeholt! Die wurden dann auch geröstet … Da habe ich dann lieber gehungert.*

*Am Ende des dritten Tages kamen wir in eine größere Ortschaft – hurra, wieder in der Zivilisation! Der Primarius des örtlichen Spitals würde sich freuen, mit uns zu Abend zu essen. Wir sitzen und warten endlos lange auf ihn. Inzwischen war auch der Gouverneur der Provinz eingetroffen. Sitzen, warten … Dann kommt endlich unser Gastgeber und entschuldigt sich: „Wissen Sie, die Pest ist ausgebrochen! Und wir haben heute Abend so viele Kranke eingeliefert bekommen – manche waren schon fast zu spät da!“ Dann hat er gesagt: „Wo bleibt das Essen?!“*

*Schließlich hat der Gouverneur mich eingeladen, eine Nacht im Gouverneurshaus zu schlafen. Es war spät geworden. Sagt er: „Ich würde Ihnen raten, nicht unten zu schlafen, schlafen Sie lieber oben!“ Sage ich: „Wo ist oben?“ Oben war de facto der Dachboden. Drauf er: „Da ist eine Leiter, und da gehen Sie hinauf! Oben sind Betten. Da schlafen Sie genauso gut. Gehen Sie hinauf und ziehen Sie die Leiter hoch!" Frage ich: „Warum soll ich das tun?" Die Antwort: „Weil manchmal in der Nacht der Vietcong kommt! Da sind Sie besser aufgehoben, wenn Sie die Leiter eingezogen haben!" – „Und was geschieht dann, wenn die kommen?" – „Sie haben geladene Maschinenpistolen oben. Sie haben Funkgeräte oben. Sie müssen nur diesen und jenen Knopf drücken, dann werden wir alarmiert und kommen Sie befreien!"*

*Am nächsten Morgen wurden wir wieder abgeholt. Der Gouverneur erzählte uns: „Wenn der Vietcong in eine kleine Ortschaft kommt, ergibt sich die Bevölkerung natürlich sofort. Aber der Vietcong fragt: Gibt es hier Kollaborateure? Die werden meistens verraten. Und die nehmen dann diese zwei, drei Leute her und schneiden ihnen den Kopf ab! Spießen sie auf Lanzen auf und postieren sie beim Dorfeingang zur Warnung!"*

# Die berechtigte Revolution

Fidel Castro prägte als Staatschef 49 Jahre lang die Geschicke Kubas. Von den einen wegen der Durchsetzung eines Einparteiensystems und als Verantwortlicher für Menschenrechtsverletzungen verachtet, wurde er von den anderen als Befreier Kubas verehrt. Hugo Portisch sah das „Phänomen Castro“ differenziert.

*Ich bin seit meinem ersten Kuba-Besuch ein Verteidiger des Fidel Castro gewesen! Warum? Der kubanische Diktator Batista war ein Vasall der Amerikaner. Was nicht unüblich war, oft waren in Lateinamerika die rechtsradikalen Diktatoren die automatischen Verbündeten der USA! Die USA haben die aufgepäppelt, weil sie ihnen dadurch linke Revolutionen vom Leib gehalten haben.*

*So haben die Amerikaner auch Kuba „besessen“. Die Zuckerrohrfelder waren im Besitz der „United Fruit“, die Ölraffinerien waren angeschlossen an die US-Ölkonzerne. Und die Haupteinnahmequelle des Diktators waren die Bordelle in Havanna, die von den Amerikanern in hohem*

*Maß frequentiert worden sind – von tausenden Sextouristen. Ein paar Leute sind dadurch reich geworden. Die arme Bevölkerung hat weder Schulen gehabt noch einen geordneten Gesundheitsdienst. Nicht umsonst hieß es in dem berühmten Schlager: „Drinkin' rum and Coca-Cola … workin' for the Yankee dollar".*

*Also: Diese Revolution war notwendig und berechtigt! Und deshalb haben die Castro Brothers versprochen: „Wir befreien das Volk! Wir bringen Schulen!" Es war eigentlich ein sozialdemokratisches Programm! Bekanntlich haben die USA aber – nachdem man in Kuba mit der Verstaatlichung begonnen hatte – mit Blockaden reagiert. Das war der Beginn der Abhängigkeit Castros von der Sowjetunion!*

*Natürlich war ich auch Kritiker des Fidel Castro … Eines Tages konnten wir eine seiner Großkundgebungen mitfilmen. Wir sind auf die Tribüne hinauf, da wurden wir natürlich streng kontrolliert. Leute in Uniform – Sachsen! Für mich ein Déjà-vu – wie damals in Ägypten! Die Stasi war überall! Dann kam der Castro und hat von einem Turm aus gesprochen. Stundenlang! Da wollten wir ursprünglich auch hinauf, sind aber vorerst daran gehindert worden.*

*Doch während der Castro redet und der Sepp Riff filmt, kommt auf einmal so ein Sächsisch sprechender Security-Mann und teilt uns mit, dass wir jetzt auch auf den Turm steigen dürfen. Ich bin da sofort hinauf und sah von oben – der halbe Platz war leer! Ich war erstaunt: Da gab es eine so wichtige Kundgebung, und es kommen so wenige Leute!*

*Das war aber nicht die größte Überraschung: Am nächsten Tag erscheint die „Granma", das Zentralorgan der Revolution, und auf der Titelseite prangt ein Foto von der Kundgebung – der Platz ist voll mit Menschen! Ich denke mir: Da kann doch was nicht stimmen! Dann schaue ich mir das Ganze mit der Lupe an – da ist ein Foto von Menschenmassen, das vierfach über das Bild gelegt worden ist! Nur so wurde der Platz „voll"!*

# Amerikas Sündenfall

„Check, Recheck, Doublececk" – für den jungen Journalisten Hugo Portisch waren die USA der 1950er-Jahre das „Märchenland". Und die großen Medien das Vorbild auch für das sich erneuernde Europa. Doch George W. Bush trug – wie später Donald Trump – zur Desillusionierung jedes vernünftigen Amerika-Fans bei.

*Der Vietnamkrieg ist für die Amerikaner schiefgegangen. Sie haben dort auch unberechtigt eingegriffen. Sie haben dort auch Kriegsverbrechen begangen! Dieser Krieg hat scheußliche Seiten der Amerikaner aufgezeigt! Auch der Irakkrieg war ungerecht und mit Scheußlichkeiten verbunden. Die Amerikaner haben vieles in der Welt angestellt, das total verurteilenswert ist!*

*Aber damals, zur Zeit des Kalten Kriegs, gab es schon ein paar triftige Fragen: Wenn sie nicht nach Korea gegangen wären, wäre Südkorea weg gewesen?! Wenn sie Westberlin nicht verteidigt hätten, wäre Westberlin weg gewesen?! Wenn sie nicht weiterhin Westberlin versorgt hätten – obwohl da schon die Mauer war –, weiß Gott was geschehen wäre! Was wäre gewesen, wenn es den Sowjets gelungen wäre, Raketen in Kuba zu stationieren und Washington, New York und alle großen amerikanischen Städte in fünf Minuten auszulöschen?!*

*Am Ende ging es den Amerikanern immer um die Verteidigung der Demokratie. Und – ganz wichtig – die Zeitungen waren in Ordnung! Sie waren die kontrollierende Macht. Das haben wir an allen Ecken und Enden gesehen. Sie haben kontrolliert, sie haben aufgedeckt. Die hatten auch die nötigen Zugänge und Privilegien, das zu tun. Die wussten, was los ist! Der amerikanische Journalismus war überzeugend!*

*Umso enttäuschender ist das heutige Amerika – und das trifft besonders auf die USA unter George W. Bush zu! Dass etwa eine Fernsehstation wie FOX Television sich vorbehaltlos in den Dienst der Propaganda rund um Bush stellte; dass hier gelogen wurde wie gedruckt; dass die journalistischen Pflichten des „Check, Recheck, Doublecheck" weitgehend in Vergessenheit gerieten – all das ist eine Riesenenttäuschung! FOX ist das herausstechendste Beispiel, aber auch viele andere verkamen zu verlogenen Hetzorganen, die grauenhaft Partei ergreifen!*

*Mit George W. Bush hat sich alles verschlimmert. Die Lobbyisten beherrschen den Kongress. Es ist alles ausgerichtet auf klare Korruption! Die meisten Abgeordneten versuchen die Interessen jener durchzusetzen, von denen sie Geld bekommen. Und die Senatoren nicht weniger. Während es früher möglich war, über die Parteigrenzen hinweg Gesetze durchzubringen und das Vernünftige zu tun, ist die amerikanische Parteienlandschaft heute in hasserfüllte Lager zerfallen.*

*Also das Amerika, das ich eingangs geschildert habe – meine ersten Eindrücke –, das war ein Märchenland! Ich schwöre, das hat es gegeben mit allen Schwächen und allen Stärken! Der Journalismus, den wir dann zu uns herübergebracht haben, den hat es gegeben! Heute wird die amerikanische Meinung von FOX Television gemacht, und die ist verlogen bis dort hinaus!*

## HUGO PORTISCH (1927–2021)

war einer der großen österreichischen Journalisten und Persönlichkeiten. Humanist, Kosmopolit und überzeugter Europäer. Mit den TV-Produktionen „Österreich I“ und „Österreich II“ hat er das Geschichtsbewusstsein einer ganzen Nation geprägt. Die Dokumentation über den Zweiten Weltkrieg, gemeinsam mit Henry Kissinger erstellt, sorgte für weltweites Aufsehen. Das von ihm initiierte Rundfunkvolksbegehren für die Unabhängigkeit des ORF war das erste und erfolgreichste in der österreichischen Geschichte. Er war Chefredakteur des „Kurier“, später Chefkommentator des ORF und beim Bayerischen Rundfunk.

schreib's auf
story.one

**Faszination Buch neu erfunden**

Viele Menschen hegen den geheimen Wunsch, einmal ihr eigenes Buch zu veröffentlichen. Bisher konnten sich nur wenige  Auserwählte diesen Traum erfüllen. Gerade mal 1 Million Autoren gibt es heute - das sind nur 0,0013% der Weltbevölkerung.

Wie publiziert man ein eigenes story.one Buch? Alles, was benötigt wird, ist ein (kostenloser) Account auf story.one. Ein Buch besteht aus zumindest 12 Geschichten, die auf story.one veröffentlicht und dann mit wenigen Clicks angeordnet werden. Und durch eine individuelle ISBN kann jedes Buch dann weltweit bestellt werden.

Jede lange Reise beginnt mit dem ersten Schritt - und dein Buch mit einer ersten Story.

**Wo aus Geschichten Bücher werden.**
#storyone #livetotell